Hassanain Haykal
Johannes Ibrahim

Sabedoria local de Bali e desenvolvimento da instituição bancária na Índia

Hassanain Haykal
Johannes Ibrahim

Sabedoria local de Bali e desenvolvimento da instituição bancária na Índia

ScienciaScripts

Imprint
Any brand names and product names mentioned in this book are subject to trademark, brand or patent protection and are trademarks or registered trademarks of their respective holders. The use of brand names, product names, common names, trade names, product descriptions etc. even without a particular marking in this work is in no way to be construed to mean that such names may be regarded as unrestricted in respect of trademark and brand protection legislation and could thus be used by anyone.

Cover image: www.ingimage.com

This book is a translation from the original published under ISBN 978-620-2-05454-6.

Publisher:
Sciencia Scripts
is a trademark of
Dodo Books Indian Ocean Ltd. and OmniScriptum S.R.L publishing group

120 High Road, East Finchley, London, N2 9ED, United Kingdom
Str. Armeneasca 28/1, office 1, Chisinau MD-2012, Republic of Moldova, Europe
Printed at: see last page
ISBN: 978-620-7-69356-6

ÍNDICE DE CONTEÚDOS:

O GÉNIO LOCAL E A CONCEPÇÃO DE ROSCOE POUND EM
DESENVOLVIMENTO DE UM ORGANISMO DE CRÉDITO DE ALDEIA
COMO CULTURA LOCAL - INSTITUIÇÃO FINANCEIRA ORIENTADA
EM BALI

Por:

Dr. Johannes Ibrahim Kosasih, SH., M.Hum

Dr. Hassanain Haykal, SH., M.Hum

Resumo

Bali possui excelência em muitos aspectos da vida, incluindo a regulamentação da instituição financeira local, que se enquadra na cultura e no génio local herdados de gerações e enraizados na aldeia adat conhecida como Desa Pakraman (Aldeia Pakraman). A instituição financeira local existente em Desa Pakraman funciona como um banco geral e foi reconhecida pelo governo, sendo regulamentada pela Lei n.º 7 de 1992 relativa à atividade bancária e alterada pela Lei n.º 10 de 1998, que, no seu artigo 58.º, a classifica como banco de crédito comunitário.

A investigação sobre o organismo de crédito das aldeias de Bali centrou-se na vida da comunidade local, que detém de tal forma os valores culturais e as regras consuetudinárias que este organismo financeiro pode ser desenvolvido em toda a província de Bali para contribuir para o desenvolvimento económico nesta era de abertura, tal como defendido no conceito de Jurisprudência Sociológica de Roscoe Pound, que afirma "A lei como instrumento de engenharia social", que foi depois desenvolvido por Mochtar Kusumaatmadja na sua Teoria Jurídica do Desenvolvimento, que defende que "a lei é um veículo para a engenharia das pessoas", A política governamental de socialização e desenvolvimento das instituições financeiras locais é certamente uma medida correcta. A abordagem desta investigação é jurídico-normativa e jurídico-sociológica, tendo como amostra os organismos de crédito das aldeias de Denpasar e Tabanan. Denpasar foi escolhida por ser uma grande cidade que alberga um grande número de instituições financeiras modernas e Tabanan foi selecionada pelas suas diversas empresas, agrárias ou industriais, propriedade da sua população.

Os resultados desta investigação mostraram que o conceito de banco local, que apresenta os valores culturais e o génio local, é um trunfo que o governo deve desenvolver e ter em conta nas suas muitas políticas e regulamentos para poder crescer, desenvolver-se e competir com a banca moderna. Além disso, as características específicas diferem das de outras regiões ou de outros países, o que faz de Bali, com o seu organismo de crédito da aldeia, o local de aprendizagem e o piloto dos valores e costumes nacionais através do organismo financeiro local.

Palavras-chave: Organismo de Crédito da Aldeia, Génio Local, Instituição Financeira, Conceito de Roscoe Pound, Comunidade Balinesa.

CAPÍTULO 1

A. INTRODUÇÃO

O desenvolvimento económico de um determinado país requer 2 (dois) factores, tais como programas bem planeados e definidos para atingir o objetivo de desenvolvimento, que geralmente é formulado em várias legislações para avaliação. Além disso, outro fator é que requer uma grande quantidade de capital ou fundo de desenvolvimento. O aumento do desenvolvimento ou crescimento económico deve ser apoiado pelo aumento do fundo de desenvolvimento. O governo não pode ser independente no fornecimento do fundo, pelo que é necessária a participação das pessoas. Alguns pacotes de desregulamentação bancária foram elaborados pelo governo desde a desregulamentação bancária até à atualidade através das autoridades financeiras governamentais, nomeadamente o Banco Central da Indonésia e a Autoridade dos Serviços Financeiros.

As várias políticas financeiras adoptadas pelo governo visam recolher o fundo de desenvolvimento junto das pessoas, quer através de instituições bancárias quer de instituições não bancárias. A instituição financeira, tal como mencionada na Lei n.º 14 de 1967 relativa aos princípios bancários, artigo 1.º, alínea b), é qualquer entidade empresarial cujas actividades financeiras consistem em levantar dinheiro e canalizá-lo para a comunidade. As instituições financeiras mencionadas são os bancos, as companhias de seguros, as cooperativas de poupança e empréstimo, as empresas de locação financeira, as agências financeiras e outras formas desenvolvidas na comunidade com autorização de atividade financeira por parte de uma instituição autorizada. Além disso, algumas actividades semelhantes foram desenvolvidas e cresceram na sociedade, como o celeiro da aldeia, os bancos do condado, o lumbung nagari.[1]

O banco é uma instituição financeira que adquiriu a sua legalidade desde o colonialismo holandês e que tem vindo a crescer e a desenvolver-se na Indonésia até aos dias de hoje, facilitando as necessidades das pessoas. A definição de banco nos termos da Lei n.º 7, de 1992, relativa à atividade bancária, com a redação que lhe foi dada pela Lei n.º 10, de 1998, relativa à alteração da Lei n.º 7, de 1992, relativa à atividade bancária, é a seguinte

"O banco é uma entidade empresarial que recolhe fundos das pessoas sob a forma de poupanças e os distribui pela comunidade, a fim de elevar o bem-estar público".

A definição de Banco segundo o Black's Law Dictionary é:

"Banco é uma instituição, geralmente constituída, cuja atividade consiste em receber

dinheiro em depósito, descontar cheques ou saques, descontar papel comercial, conceder empréstimos e emitir notas promissórias pagáveis ao portador, conhecidas como notas bancárias. Os bancos comerciais americanos dividem-se em duas categorias principais: os bancos estatais e os bancos nacionais.[2]

Stuart Verryn, no seu livro "political bank", afirma que :

"Banco como uma instituição que tem por objetivo satisfazer as necessidades de crédito, quer utilizando os seus próprios instrumentos de pagamento ou o dinheiro que recebe de outras partes, quer distribuindo novos instrumentos de troca, como os depósitos."[3]

A partir da definição acima, as funções do banco dividem-se em três categorias:

1. O banco é uma instituição financeira que recolhe os fundos da sociedade e dos beneficiários de crédito. Nesta definição, um banco recebe fundos como poupanças, depósitos a prazo e cheques. Por conseguinte, pode dizer-se que o banco efectua uma operação de crédito de forma passiva, recolhendo os fundos de terceiros.

2. O banco é a instituição financeira que transfere os fundos para a sociedade sob a forma de crédito ou a instituição que oferece créditos. Por conseguinte, pode dizer-se que o banco realiza uma operação ativa.

3. Banco como a instituição que facilita as transacções comerciais e os pagamentos em dinheiro;[4]

Reed, Cotter, Gill e Smith afirmaram que os bancos, especialmente os bancos comerciais (bancos gerais), têm várias funções, tais como prestar um número crescente de serviços, abrangendo serviços nos mecanismos de pagamento, aceitar poupanças, conceder créditos, serviços sob a forma de facilitação do financiamento do comércio externo, depósitos de coisas valiosas, serviços prestados sob a forma de garantia e supervisão de serviços fiduciários.

As instituições financeiras bancárias e não bancárias desempenham funções importantes no sistema financeiro.

1. Transmutação de Aset

    As instituições financeiras bancárias e não bancárias concederão empréstimos a outros Estados que necessitem de fundos num determinado período acordado. As fontes dos fundos são os proprietários dos fundos, que são as unidades excedentárias, nas quais os seus termos podem ser estabelecidos de acordo com os desejos dos proprietários dos fundos. Neste caso, as instituições financeiras bancárias e não bancárias têm actuado como transferidoras de activos das unidades excedentárias (mutuantes) para as unidades deficitárias (mutuários).

2. Transação

Os bancos e as instituições financeiras não bancárias proporcionam às empresas várias comodidades em termos de transacções de bens e serviços. Os produtos emitidos por bancos e instituições financeiras não bancárias (depósitos à ordem, depósitos de poupança, etc.) são substitutos de dinheiro e podem ser utilizados como pagamento.

3. Liquidez

As unidades excedentárias podem colocar os fundos nos seus pertences sob a forma de produtos dos depósitos à ordem, depósitos de poupança, depósitos, etc. Estes produtos têm diferentes níveis de liquidez. Por uma questão de liquidez dos proprietários de fundos, estes podem colocar os seus fundos de acordo com as suas necessidades e interesses

4. Eficiência

As instituições financeiras bancárias e não bancárias podem reduzir o custo das transacções em relação ao alcance dos seus serviços. A função dos bancos e das instituições financeiras não bancárias enquanto corretores consiste em organizar o encontro entre os proprietários e os utilizadores dos fundos. As instituições financeiras facilitam e organizam os encontros entre as partes que precisam umas das outras. [5]

Com base na definição prevista na lei, o banco tem uma missão na economia indonésia, que consiste em elevar o bem-estar público, o que significa que os fundos recolhidos devem ser afectados às pessoas sob a forma de crédito, de modo a aumentar o poder de compra e o capital das pessoas, o que pode acelerar o ritmo e a equidade do desenvolvimento na Indonésia. A missão de manter a implementação e o desenvolvimento nacionais para realizar um povo indonésio próspero e justo, nos termos da Constituição de Pancasila de 1945, é que a implementação do desenvolvimento com o princípio do parentesco deve preocupar-se mais com a conformidade, a harmonia e o equilíbrio dos vários elementos do desenvolvimento, incluindo os aspectos económicos e financeiros.

No comentário à Lei n.º 10, de 1998, relativa à alteração da Lei n.º 7, de 1992, relativa à Banca, afirma-se que o desenvolvimento económico nacional, hoje em dia, mostra que está a ficar mais harmonioso com a economia regional e internacional, que pode apoiar, mas pode ter impacto nos menos favorecidos ao mesmo tempo. Entretanto, o desenvolvimento económico nacional avança sempre rapidamente com desafios cada vez mais complexos. Por conseguinte, é necessário proceder a alguns ajustamentos na política económica, incluindo no sector bancário, para que se possa melhorar e reforçar a economia nacional.

O sector bancário, cuja posição estratégica como agência intermediária e como sistema de apoio à banca, é determinante no processo de ajustamento acima referido. Neste caso, é necessário aperfeiçoar o sistema bancário nacional, o que não significa apenas tornar o banco saudável, mas também tornar todo o sistema bancário saudável. Este esforço passa a ser da responsabilidade conjunta do governo, dos bancos e dos cidadãos enquanto utilizadores do serviço. Esta responsabilidade conjunta pode ajudar a manter o nível saudável dos bancos nacionais, para que estes possam ter um desempenho máximo na economia nacional.

É certo que o banco não ignora o seu estado de saúde quando cumpre a sua missão. Todos têm de funcionar proporcionalmente, tal como estipulado no artigo 2, 3 e 4 da Lei n.º 7 de 1992 relativa à Banca, em que a função do banco é recolher fundos da sociedade, distribuir esses fundos sob a forma de crédito e gerir as transacções comerciais realizadas pela sociedade.

No que se refere à formação e ao controlo dos bancos, o comentário do regulamento estipula que, para uma aplicação eficaz, o controlo e a responsabilidade pela autorização bancária deixaram de ser da competência do Ministério das Finanças e passaram a ser da responsabilidade dos directores do Banco Central da Indonésia. Por conseguinte, o Banco Central detém o poder e a responsabilidade de emitir licenças, de educar e de controlar os bancos e de aplicar sanções contra os bancos que violam a regulamentação bancária em vigor. No entanto, o Banco da Indonésia tem o poder e a responsabilidade de julgar e determinar a viabilidade do estabelecimento de um banco e/ou da abertura de uma sucursal.

As instituições financeiras, ao exercerem a sua atividade, proporcionam ao cliente, para além do rendimento baseado em juros (uma instituição financeira convencional), um rendimento baseado na partilha de rendimentos (sharia), princípio que foi consagrado na Lei n.º 7 de 1992 relativa à Banca, juntamente com a Lei n.º 10 de 1998 relativa à alteração da Lei n.º 7 de 1992 relativa à Banca. Os dois tipos de bancos são as instituições financeiras há muito reconhecidas e desenvolvidas.

O conceito bancário indonésio de gestão de dois sistemas bancários é bem conhecido pelo nome de sistema bancário duplo. O que se define como sistema convencional, tal como regulamentado no ponto 11 do artigo 1.º, é o cálculo com base nos juros do sistema convencional. Enquanto o princípio da sharia, mencionado no ponto 13 do artigo 1.º, é o acordo previsto na lei islâmica entre o banco e outra parte para o depósito de fundos e/ou o financiamento de actividades comerciais ou outras actividades consideradas adequadas de acordo com os princípios da sharia, tais como o financiamento segundo o princípio da partilha (mudharabah), financiamento ao abrigo do princípio da equidade (musharakah), do princípio da negociação com lucro (murabahah), ou financiamento de bens de equipamento ao abrigo do princípio do aluguer puro sem opção (ijarah), ou com alguma opção de transferência de propriedade sobre o objeto alugado entre o banco e a outra parte (ijarah wa iqtina).

Para além do conceito de sistema bancário dual, a lei simplificou o sistema bancário de 4 grupos de bancos ao abrigo da Lei n.º 14 de 1967 relativa aos princípios bancários, nomeadamente o Banco Central, o Banco Geral, a Caixa Económica e o Banco de Desenvolvimento, para 2 (dois) bancos, ou seja, o Banco Geral e o Banco de Crédito Popular. Da comparação entre os grupos de bancos acima referidos, pode concluir-se que, **em primeiro lugar,** existe uma relativa liberdade de atividade para o Banco Geral, no que diz respeito aos aspectos financeiros, para atuar como Caixa de Poupança ou Banco de Desenvolvimento.[6]

O Banco de Crédito Popular, cuja missão é acelerar o ritmo e a equidade do desenvolvimento económico nas zonas rurais, não pode certamente ser separado do papel de banco nacional e precisa de ser melhorado de acordo com a função de recolha e distribuição de fundos do povo, tendo em conta a atividade financeira do sector económico nacional, com prioridade para as cooperativas, os pequenos e médios empresários e alguns níveis da sociedade, sem discriminação, de modo a reforçar a estrutura da economia nacional. Por conseguinte, a política governamental relativa à criação do Banco de Crédito Popular é seguida pelo Governo através da publicação do Regulamento Governamental n.º 71, de 1992, relativo à criação do Banco de Crédito Popular.

A política governamental de criação de bancos nas zonas rurais visa que a unidade de negócio funcione como coletor de fundos e distribuidor para a comunidade rural. Espera-se que o Banco de Crédito Popular apoie a modernização da economia rural e preste serviços ao grupo de proprietários de pequenas empresas. A atividade operacional do Banco de Crédito Popular nas zonas rurais está estipulada no Regulamento Governamental n.º 71, ponto 1 do artigo 4:

"O Banco de Crédito Popular pode ser estabelecido em zonas rurais, em sub-distritos, fora da capital do estado, da província, do município e da região".

As actividades a realizar pelo People Credit Bank de acordo com a Lei n.o 7 de 1992 relativa ao sector bancário, com a redação que lhe foi dada pela Lei n.o 10 de 1998 relativa à alteração da Lei n.o 7 de 1992 relativa ao sector bancário, no capítulo II, secção 3, artigo 13.o relativo às actividades do People Credit Bank, incluem

1. "recolha de fundos das pessoas sob a forma de depósito, poupança e/ou outras formas semelhantes;

2. Concessão de crédito;

3. Fornecer um regime financeiro ao cliente com base no princípio da partilha, de acordo com as disposições aplicadas ao abrigo do regulamento governamental;

4. Colocação do fundo sob a forma de certificados do Banco da Indonésia (de depósito, certificados de depósito e/ou poupanças noutros bancos);

Enquanto no artigo 14°, o Banco de Crédito Popular não pode:

a. "receber depósitos em conta corrente e participar no tráfego de pagamentos;

b. Realização de operações cambiais;

c. Compromisso de capital próprio;

d. Realização de negócios de indemnização;

e. Realização de outras actividades previstas no artigo 13.

Com base no que precede, pode concluir-se que o Banco de Crédito Popular é um banco que funciona para receber poupanças sob a forma de dinheiro e conceder crédito a curto prazo à comunidade rural. O Banco de Crédito Popular é um banco secundário com jurisdição comercial limitada ao sub-distrito e a certas aldeias. Banco secundário significa que o banco não pode produzir moeda giral porque não pode emitir a moeda giral, como a transferência, e não pode conceder empréstimos que excedam os fundos recolhidos.

Ao facilitar o Banco de Crédito Popular, o governo espera certamente que o serviço financeiro seja distribuído de forma equitativa para poder chegar à comunidade rural, mas o banco ainda não é aceite por toda a sociedade.

O problema é que nem todas as pessoas estão familiarizadas e habituadas a fazer transacções com bancos, além disso, os termos são onerosos para a comunidade da aldeia.

Para além disso, a vida comunitária do povo adat em todo o território da Indonésia tem várias instituições que facilitam as necessidades da população local, como uma instituição financeira. Por exemplo, no povo de Sumatra Ocidental, especialmente em Padang, existe uma instituição financeira secundária com o nome de Lumbung Pitih Nagari (LPN). O Lumbung Pitih Nagari (LPN), enquanto organismo não formal de microfinanciamento que se ocupa de poupanças e empréstimos, existe muito antes de o organismo financeiro formal ter chegado a nagari e ao subdistrito de Sumatra Ocidental. A LPN trata dos grandes valores adoptados na cultura Minangkabau, caracterizados pela cooperação ou assistência mútua. As actividades da LPN foram interrompidas durante o período da invasão japonesa e da revolução física devido à situação económica e às condições políticas e de segurança. A fim de desenvolver a economia popular, especialmente nas zonas rurais, a Administração Regional da Sumatra Ocidental patrocinou, desde 1978, a criação gradual de LPN, com uma média anual de 10 LPN, distribuídas por várias zonas de nível II.

Como capital de iniciativa, para cada LPN, foi disponibilizado um fundo do Orçamento Regional da Região de Nível I no valor de IDR. 500.000, em que o montante será devolvido em IDR 475.000 por um período de 3 anos. A criação de cada LPN está estipulada no Decreto do Governador do Chefe Regional de Nível I da Sumatra Ocidental e, em 1982, foi confirmada pelo Regulamento Regional n.º 1 de 1982 relativo às LPN. Este regulamento regional determinou que o desenvolvimento da LPN era implementado pelo Conselho de Supervisão de Nível I, Nível II e Subdistrito, e a técnica administrativa de supervisão pelo Banco de Desenvolvimento Regional da Sumatra Ocidental. O número de LPN estabelecidas é de 592 unidades distribuídas por várias regências e cidades da Sumatra Ocidental. A função da LPN enquanto instituição financeira nagari consiste em canalizar os fundos do povo através de um mecanismo financeiro e em recolher os fundos do povo através de um mecanismo cultural nagari. O objetivo da criação da LPN era aumentar o rendimento das pessoas através de actividades de melhoramento e desenvolvimento de negócios com os fundos, incluindo o Sistema de Negócios Agrícolas (SUTA), Negócios Económicos Produtivos (UEP) e o desenvolvimento de infra-estruturas de apoio à economia popular.

Enquanto instituição financeira não formal, os objectivos visados são diferentes dos de uma instituição financeira formal, que é rígida em relação à regulamentação aplicada. O alvo da LPN é um grupo de pessoas ou um indivíduo que possui um negócio e que este requer investimento. Como uma instituição é portadora de cultura e sabedoria local, é claro que a visão e a missão da LPN devem ser priorizadas por todas as pessoas de nagari. A visão da LPN é aumentar o papel e a participação das pessoas no desenvolvimento de Nagari através da atividade existente do fundo para explorar os problemas, analisar problemas e resolver problemas, enquanto a missão da LPN é elevar a pobreza das pessoas; desenvolver a economia produtiva das pessoas que, no final, aumentará o rendimento e o bem-estar das pessoas.

O desenvolvimento da economia rural é uma questão crucial a ser resolvida por cada governo regional para elevar o bem-estar da comunidade local. No entanto, as pessoas devem ser desenvolvidas e orientadas de acordo com o conceito de Roscoe Pound com a sua ideia de Jurisprudência Sociológica argumentando "A lei como um instrumento de engenharia social" que, anos mais tarde, foi desenvolvida por Mochtar Kusumaatmadja no seu Teori Hukum Pembangunan contribuindo para o argumento de explicar a lei como um meio de alterar a sociedade. Quem sabe exatamente o que se passa com as pessoas é o líder da região local, que pode orientar as pessoas de forma abrangente e definir o rumo do desenvolvimento nacional.

Na altura, o governador de Bali preocupou-se com esta questão e lançou a ideia de criar um organismo de crédito em todas as aldeias adat, conhecido como Desa Pakraman. O crescimento deste organismo financeiro local demorou algum tempo a ser aceite e a ser aproveitado pela população de Bali. Os fortes valores culturais e a sabedoria local enraizados na comunidade balinesa permitiram que esta instituição financeira local crescesse e se desenvolvesse.

A Lei n.º 7 de 1992 relativa ao sector bancário, com a redação que lhe foi dada pela Lei n.º 10 de 1998 relativa à alteração da Lei n.º 7 de 1992 relativa ao sector bancário, inclui várias instituições financeiras/bancos secundários situados no território da Indonésia e o que é classificado como Banco de Crédito Popular no artigo 58:

"Banco de aldeia, celeiro de aldeia, banco de mercado, banco de trabalhadores, *Lumbung Pitih Nagari (LPN)*, banco de crédito popular (*LPD*), crédito comercial popular (*KURK*), agência de crédito do condado (*BKK*), banco de produção de aldeia (*BKPD*) e/ou outras instituições semelhantes, com o estatuto de organismo de crédito popular nos termos da presente lei, mediante a apresentação dos requisitos processuais estabelecidos no regulamento governamental".

O artigo 58.º supra é o reconhecimento governamental da Entidade de Crédito da Aldeia (*LPD*) de *Desa Pakraman*, em Bali, como instituição financeira detentora da sabedoria e dos valores culturais locais. A singularidade de *Desa Pakraman* é um dos padrões de união na lei *adat*, em que o interesse comum tem mais prioridade e as necessidades pessoais são cobertas pelo interesse comum. Um por todos e todos por um; a relação jurídica entre os membros da comunidade adat com base no senso comum de todos, na compreensão, na assistência mútua e na cooperação. O padrão e as características comunais estão patentes no artigo 33.º, n.º 1, da Constituição de 1945, que estipula que "a economia é construída como um esforço comum baseado no entendimento". No comentário, argumenta-se que o artigo 33.º contém a base da democracia económica, a produção por todos, para todos, sob a liderança ou propriedade dos membros da sociedade. A prioridade é o bem-estar do povo e não o bem-estar pessoal. Por conseguinte, a economia é estabelecida como um empreendimento comum com base no entendimento.

Estas instituições cresceram e desenvolveram-se a partir da comunidade indonésia e continuam a ser necessárias para a comunidade, pelo que a sua existência é reconhecida. Por conseguinte, a regulamentação indonésia, nomeadamente a Lei n.º 10 de 1998, em conjugação com a Lei n.º 7 de 1992, explica melhor o estatuto e a existência destas instituições. Além disso, a fim de assegurar a unidade e a uniformidade da educação e do controlo, os termos e o procedimento de determinação do estatuto destas instituições como Banco de Crédito Popular são definidos por um regulamento governamental.

Para aumentar constantemente o desenvolvimento do Organismo de Crédito Agrícola e ser realmente benéfico para a implementação do desenvolvimento nacional, e para assegurar a democracia económica, de modo a que todo o potencial, iniciativa e criação da comunidade possam ser encorajados e desenvolvidos numa verdadeira força para a elevação do bem-estar das pessoas, é necessário desenvolver e aperfeiçoar a educação e o acompanhamento dos bancos com base nas antigas leis bancárias. Com o aperfeiçoamento, os bancos estarão mais preparados e aptos a desempenhar melhor o seu papel no apoio ao processo de desenvolvimento que enfrenta mais desafios no desenvolvimento económico internacional.

CAPÍTULO 2

B. JUSTIFICATIVA

1. A lei Adat e o génio local

A Indonésia é um país com costumes diversos, em que cada tribo étnica tem os seus próprios costumes. O adat é o reflexo das características de uma nação, uma transformação do volkgeist, a alma da nação desde há séculos. O adat vivo relacionado com a tradição do povo é a fonte do direito adat.[7] A exploração da lei adat como tesouro nacional é realmente necessária para criticar a existência relacionada com a inevitabilidade da mudança cultural. O espaço para a exploração e o estudo do génio local são as exigências especiais para o desenvolvimento da comunidade local. Adat na comunidade indonésia cria sabedoria local.

A definição de sabedoria local, se remontarmos à etimologia, consiste em duas palavras: sabedoria e local.

De acordo com o Grande Dicionário de Bahasa Indonésia 4ª Edição, a palavra "Kearifan" (sabedoria) deriva da palavra "arif" (sábio) com o confixo "ke-an" como formador do substantivo, uma abstração com características como justiça, humanidade, sabedoria, ou de mostrar lugar, como residência, posição. O "arif" significa sábio, inteligente e esperto, entender e compreender. Kearifan significa sabedoria, inteligência. Enquanto a palavra "local" significa grande espaço, num lugar.[8] Se explorarmos o dicionário compilado por Peter Salim, The Contemporary English-Indonesia Dictionary, a definição de "/oca/" significa do mesmo lugar, limitado, seccional, enquanto *"wiodnm"* significa política, palavras ou condutas prudenciais, conhecimento ou lição.[9]

Em geral, a "sabedoria local" pode ser entendida como ideias locais que são sábias, cheias de sabedoria, de bom valor, que estão enraizadas e são seguidas pelos membros da sociedade.[10] *Kearifan Loka/, para* além de ser referido como "sabedoria local", é geralmente referido como génio local[11] como o estudo da antropologia da cultura. O estudo do génio local tem sido conduzido por muitos especialistas, como Haryati Soebadio, que defende que o génio local é também uma identidade cultural, a identidade/caraterística da cultura nacional que permite à nação absorver e processar a cultura estrangeira de forma a adaptar-se à sua personalidade e potência.[12] Além disso, Moendarjito defende que os elementos culturais são potenciais como génio local porque foram testados para sobreviver até hoje.[13]

As características acima referidas são:

    a. "sobreviveram à cultura estrangeira";

b. Tem a capacidade de se adaptar a elementos da cultura estrangeira;

c. Capaz de integrar os elementos da cultura estrangeira na cultura autóctone;

d. Capaz de controlar;

e. Capaz de orientar o desenvolvimento da cultura".[14]

I Ketut Gobyah, em Stepping on Local Genius, sugeriu que a sabedoria local ("génio local") é a verdade que foi interiorizada ou estabelecida numa determinada região. Enquanto S. Swarsi Geriya, em *"^ppOorngg the Local Wisdom for Ajeg Bali"*, propôs que, em termos conceptuais, a sabedoria local e a excelência local são a sabedoria do homem assente na filosofia de valores, ética, métodos e comportamentos tradicionalmente institucionalizados. A sabedoria local são os valores considerados correctos e verdadeiros para poderem sobreviver durante muito tempo e até para poderem ser institucionalizados.

Filosoficamente, a sabedoria local pode ser definida como um sistema de conhecimento indígena que é empírico e pragmático. Empírico, uma vez que é produzido pelas pessoas localmente a partir dos factos ocorridos na sua vida. Pragmático, uma vez que todo o conceito construído como produto do pensamento no sistema de conhecimento se destina à resolução de problemas quotidianos. A sabedoria local é algo especificamente relacionado com uma determinada cultura (cultura local) e reflecte o modo de vida de uma determinada comunidade (comunidade local). Por outras palavras, a sabedoria local reside na cultura local.[15]

A sabedoria local é um conhecimento que nasce explicitamente de um longo período de evolução em conjunto com as pessoas e os seus arredores num sistema local que tem sido comummente experimentado. O longo processo de evolução da comunidade faz com que o génio local seja a fonte potencial de energia do sistema de conhecimento coletivo da comunidade para viver em conjunto de forma dinâmica e pacífica.

Substancialmente, o génio local são os valores vivos de uma determinada comunidade. Esses valores são os valores comuns e orientam as condutas de uma comunidade local.

2. O génio local e a teoria do "direito como instrumento de *engenharia social*"

Para ganhar legitimidade na sociedade em mudança na roda do desenvolvimento, a sabedoria local, certamente, acompanha o objetivo da lei de que as pessoas encontram justiça, ordem e garantia na sociedade. Assim, o governo ou o país devem certamente aplicar a engenharia do direito às pessoas, tal como defendido por Roscoe Pound na teoria com o conceito de "Direito como instrumento de engenharia social".

Este conceito é uma ideia para explicar o conceito jurídico como um instrumento para mudar as pessoas (o direito como instrumento de engenharia social). Em muitas das suas obras, Pound tentou facilitar e reforçar a função de "Engenharia Social", formulando e classificando vários interesses sociais para o direito desenvolver.

Satjipto Rahardjo defendeu que as medidas adoptadas no âmbito da engenharia social ou da engenharia social de direito são sistemáticas, começando pela identificação do problema até à sua resolução, nomeadamente

    a. "Identificação exaustiva dos problemas a tratar. Incluindo a identificação meticulosa da comunidade visada.

    b. Compreender os valores de vida na comunidade. É importante se a engenharia social vai ser imposta na comunidade com sectores de vida complexos, como o tradicional, o moderno e o plano. Nesta fase, são definidos os valores a partir dos quais os sectores devem ser seleccionados.

    c. Elaborar hipóteses e escolher a que é mais exequível.

    d. Seguir o caminho da aplicação jurídica e estimar os efeitos"[16] .

3. A urgência das instituições financeiras no comércio comunitário

O sistema financeiro é fundamentalmente uma estrutura na economia de um determinado país que desempenha o papel principal de fornecer serviços financeiros através de outros organismos financeiros de apoio, como os mercados de câmbio e de capitais. O sistema financeiro indonésio, principalmente, pode ser classificado em dois tipos: o sistema bancário e o sistema de instituições financeiras não bancárias.

A caraterística mais dominante do sector financeiro a observar é a rápida mudança ocorrida ao longo do rápido desenvolvimento do sector económico. A política nos sectores financeiro, monetário e bancário tem de ser ajustada periodicamente, seguindo a dinâmica da economia, uma vez que o impacto da globalização, em que as mudanças ocorrem num determinado país, principalmente nos países desenvolvidos, terá definitivamente impacto na economia de outros países, especialmente na atividade da bolsa de valores do país.

O sistema financeiro é um dos programas mais importantes da era moderna. É inimaginável que todas as actividades financeiras entre um organismo financeiro e outro, ou entre um determinado país e outro, sejam realizadas sem qualquer mediação de um bom sistema financeiro. O sistema de pagamento e de intermediação é impossível sem um sistema financeiro.

O sistema financeiro é definido como um conjunto de instituições, mercados, regulamentos, disposições e técnicas em que os valores mobiliários são transaccionados, o nível das taxas é fixado e os serviços financeiros são estabelecidos e oferecidos a todo o mundo.[17]

O sistema financeiro na economia moderna funciona com pelo menos 7 objectivos principais:[18]

a. A função de poupança, o sistema e a instituição do mercado monetário constituem um instrumento de poupança. As obrigações, as acções e outros instrumentos monetários transaccionados no mercado monetário e de capitais prometem um rendimento com baixo risco para o titular da conta de poupança, que flui através do mercado monetário e é utilizado para investimento, de modo a permitir a produção de bens e serviços.

b. A função de depósito seguro, instrumento financeiro transaccionado no mercado monetário e no mercado de capitais, constitui a melhor forma de armazenar a riqueza (retendo o valor dos activos detidos) até ao momento em que o fundo é necessário para as despesas.

c. Funções de liquidez, a riqueza poupada em instrumentos monetários pode ser facilmente levantada através do mecanismo do mercado monetário. As obrigações, as acções e outros instrumentos financeiros prometem lucros com um risco relativamente pequeno. O mercado monetário e de capitais proporciona um método para converter esses instrumentos em dinheiro vivo. O depósito monetário proporciona alguns instrumentos alternativos de poupança com elevada liquidez.

d. Função de crédito, o mercado monetário concede crédito para financiar as necessidades de consumo e de investimento na economia. O crédito é um empréstimo com um acordo de reembolso num determinado período futuro. O consumidor precisa de crédito para comprar alguns bens, como uma casa, um veículo, etc. Enquanto os empresários utilizam a linha de crédito para adquirir bens para fins de produção, construir um edifício, comprar máquinas, pagar salários, pagar dividendos aos accionistas, etc.

e. Função de pagamento, o sistema financeiro fornece o mecanismo de pagamento para as transacções de bens e serviços. Os instrumentos de pagamento disponíveis são os cheques, as transferências bancárias, os cartões de crédito, incluindo o mecanismo de compensação no banco.

f. Função de risco, o mercado monetário oferece proteção de vida, saúde e risco de rendimento ou perda à unidade empresarial e ao consumidor. Isto é possível através da venda de apólices de seguro.

g. Função política, o mercado monetário torna-se o principal instrumento que pode ser utilizado pelo governo para adotar uma política de estabilização da economia e para intervir na inflação através da política monetária.

Esta instituição financeira pode receber depósitos de pessoas, pelo que é também designada por instituição financeira depositária, constituída pelo General Bank e pelo Community Credit Bank. A instituição financeira não bancária é um organismo financeiro que não é um banco e cujas actividades não estão autorizadas a recolher diretamente fundos da comunidade sob a forma de depósito.

Na linha da história do desenvolvimento do sistema financeiro indonésio, o sistema das instituições financeiras mudou fundamentalmente, principalmente após a era da desregulamentação, o pacote político de 27 de outubro de 1988, seguido da promulgação de várias leis sobre finanças e bancos desde 1992, tais como:

h. Lei n.º 7, de 1992, relativa ao sector bancário, juntamente com a Lei n.º 10, de 1998, relativa à alteração da Lei n.º 7, de 1992, relativa ao sector bancário;

i. Lei n.º 2 de 1992 relativa aos seguros;

j. Lei n.º 11 de 1992 relativa ao Fundo de Pensões;

k. Lei n.º 8 de 1995 relativa ao mercado de capitais;

l. Lei n.º 23 de 1999 relativa ao Banco Central da Indonésia

m. Lei n.º 21, de 2011, relativa à Autoridade dos Serviços Financeiros

A consequência da adoção destas leis é a alteração da estrutura do sistema das instituições financeiras na Indonésia. Além disso, no que respeita aos aspectos da regulamentação e da educação, as instituições financeiras tornaram-se mais claras e mais fortes, uma vez que passaram a ser juridicamente vinculativas.

As instituições financeiras são todas as empresas que se dedicam a actividades financeiras, à recolha de fundos, à canalização de fundos ou a ambas. Teoricamente, são conhecidos dois tipos de instituições financeiras: as instituições bancárias e as instituições não bancárias. O papel principal das duas instituições é relativamente o mesmo, ou seja, funcionam como intermediários financeiros entre as unidades excedentárias (mutuantes finais) e as unidades deficitárias (mutuários finais).

4. Antecedentes da criação do Organismo de Crédito da Aldeia (LPD) como esforço para gerir o comércio de Desa Pakraman

O objetivo da criação da LPD em cada aldeia adat, nos termos do anexo dos Regulamentos Regionais n.º 2 de 1998 e n.º 8 de 2002 relativos à Entidade de Crédito da Aldeia (LPD), é apoiar o desenvolvimento económico da aldeia através do aumento da poupança entre a comunidade da aldeia e da concessão de crédito a pequenas empresas, eliminar formas de exploração na relação de crédito, criar oportunidades iguais para a atividade empresarial a nível da aldeia e aumentar o bem-estar da zona rural.

O primeiro LPD, como projeto-piloto, foi criado em 1984 e anos mais tarde cresceu bem nas aldeias. Inicialmente, a criação do LPD foi iniciada e estabelecida pelo então Governador de Bali, Professor Dr. Ida Bagus Mantra, em 1984.

Foi então aplicado pelo Regulamento Regional da Província de Bali n.º 8, de 1998, alterado pelo Regulamento Regional da Província de Bali n.º 8, de 2002, e pela segunda vez pelo Regulamento Regional da Província de Bali n.º 3, de 2007. Além disso, a LPD desenvolveu-se de forma promissora, apesar de nalguns locais ainda haver um retrocesso no desenvolvimento. O êxito da LPD[19] pode ser definido por alguns factores importantes, tais como[20]

"Em primeiro lugar, o rápido crescimento da LPD mostra implicitamente que o governo da província de Bali tem uma forte vontade política de proporcionar acesso ao crédito à sua população através da criação da LPD.

Em segundo lugar, o rápido crescimento da carteira de clientes e dos empréstimos da LPD indica que a LPD, quer como entidade financeira quer como mecanismo de gestão, se adapta e é capaz de satisfazer as necessidades da população balinesa, especialmente nas zonas rurais.

Em terceiro lugar, uma vez que cada LPD funciona apenas numa aldeia adat com uma área relativamente pequena, os membros da comunidade possuem informação suficiente sobre o LPD e podem aceder-lhe facilmente.

Em quarto lugar, o montante dos depósitos demonstra que a LPD não é apenas uma instituição de crédito, mas também uma instituição de poupança. O que significa que a LPD é capaz de desempenhar o papel de uma entidade financeira intermediária como um banco geral".

Os obstáculos existentes nalguns locais onde a LPD ainda não se desenvolve são os seguintes[21]

   a. "recursos humanos sem formação na gestão da empresa;

   b. Não existe qualquer compromisso por parte das partes interessadas em Desa Pakraman no sentido de desenvolver a LPD;

   c. A população de Desa Pakraman não apoiava firmemente a LPD, parecendo não estar disposta a fazer esforços para a desenvolver;

   d. Ainda não se compreendeu bem que a LPD é uma unidade de negócio com autonomia e discrição para gerir a atividade."

8 (oito) aldeias adat espalhadas por Bali, tais como Adat Desa de Lukluk (Badung), Selembung (Karangasem), Ekasari (Jembrana), Juliah (Buleleng), Kubu (Bangli), Manukaya (Gianyar), Buahan (Tabanan) e Penasan (Klungkung) foram definidas como projeto-piloto.[22]

Em termos quantitativos, o número atual de LPD (referente a dados de 2009) é de 1 328 unidades. Este crescimento é, sem dúvida, satisfatório, mas ainda há muito trabalho a fazer para estabilizar o papel e a contribuição da LPD na capacitação da comunidade da aldeia.[23]

5. Produtos do organismo de crédito da aldeia (LPD)

A LPD, enquanto entidade financeira, exerce especificamente actividades comerciais, tal como estipulado no artigo 7.º, n.º 1, do Regulamento Regional n.º 8, de 2002, que incluem

   a. "Receber e recolher fundos do krama desa sob a forma de financiamento e depósito;

   b. Concessão de empréstimos apenas para krama desa;

   c. Receber empréstimos de instituições financeiras para um máximo de 100% do capital, incluindo reservas e lucros retidos, exceto outras limitações do empréstimo ou do fundo de apoio/auxílio;

   d. economizar o excedente da sua liquidez no BPD com o pagamento de juros competitivos e serviços suficientes"

Com base nas actividades acima mencionadas, pode descrever-se que as actividades da LPD, enquanto entidade financeira, incluem 2 (duas) formas de actividades habituais, como o Organismo de Crédito às Pessoas (BPR), mas não pode exercer quaisquer actividades de tráfego financeiro ou giral. A descrição dessas actividades é a seguinte

a. Receber e recolher fundos do krama desa sob a forma de financiamento e de depósito.

Tal como o People Credit Bank (BPR), o produto financeiro do LPD é apenas uma conta poupança e um depósito.

De acordo com o estipulado na Lei n.º 7, de 1992, relativa ao sector bancário, em conjugação com a Lei n.º 10, de 1998, relativa à alteração da Lei n.º 7, de 1992, relativa aos bancos, enquanto Banco de Crédito Popular. O que é definido como depósito no artigo 1 figura 7 é:

"Depósito cujo levantamento só pode ser efectuado em determinado momento, nos termos do acordo entre o cliente depositante e o banco".

O artigo 1, número 8, define o certificado de depósito como

"poupança sob a forma de depósito cujo certificado, enquanto prova de depósito, pode ser transferido."

O n° 9 do artigo 1° define a poupança como

"Depósito cujo levantamento só pode ser efectuado nas condições acordadas, mas que não pode ser levantado com cheques, cheques sem provisão e/ou outros instrumentos considerados semelhantes".

    b.   Concessão de empréstimos apenas para krama desa.

A concessão de empréstimos para o krama desa é a atividade que permite o bom funcionamento do sistema financeiro da LPD, em que os fundos recolhidos junto das pessoas podem ser canalizados de modo a que não haja fundos ociosos. O empréstimo no sistema bancário é conhecido como "crédito". A definição de crédito, de acordo com a Lei n.º 7 de 1992 relativa ao sector bancário e a Lei n.º 10 de 1998 relativa à alteração da Lei n.º 7 de 1992 relativa ao sector bancário, no artigo 1:

"O fornecimento de dinheiro ou de uma fatura considerada semelhante, ao abrigo do acordo ou convénio de empréstimo entre um banco e outra parte, que exige que o mutuário pague a dívida num determinado período de tempo, com uma taxa fixada".

A transação de crédito da LPD atribuiu algumas funções à LPD enquanto entidade de serviços financeiros para o devedor. Pode assumir formas de crédito como o crédito ao investimento, o crédito ao fundo de maneio, o crédito para pequenas empresas e outros tipos de crédito, de acordo com as necessidades do devedor. A relação entre o devedor e a LPD é interpessoal. Esta relação interpessoal de crédito assenta na confiança ou, melhor dito, no crédito.

A construção de uma relação de confiança entre as partes requer algumas informações. As informações necessárias ao cliente serão solicitadas pela LPD, conhecidas como condições de crédito. O cliente deve solicitar informações sobre as instalações fornecidas pela LPD e também sobre as condições da LPD. As informações fornecidas por ambas as partes constituirão um "acordo" e acabarão por criar confiança ou crédito.

Crédito[24] é uma terminologia normalmente conhecida por empréstimo de dinheiro. Por conseguinte, há aspectos a ter em conta:

Em primeiro lugar, o crédito é um empréstimo em dinheiro ou uma fatura cujos valores são medidos em dinheiro, como é o caso do crédito concedido por um banco para a compra de uma casa ou de um veículo.

Em segundo lugar, um contrato entre a LPD e o credor com o beneficiário do crédito ou o devedor que celebra um contrato de crédito, no qual estão incluídos os direitos e deveres de cada uma das partes.

Em terceiro lugar, o crédito concedido pela LPD com base no princípio convencional é um lucro obtido com os juros.

    c.   Receber empréstimos de instituições financeiras para um máximo de 100% do capital, incluindo reservas e lucros retidos, exceto outras limitações do empréstimo ou do fundo de apoio/auxílio;

Significa que a assistência de liquidez prestada por uma instituição financeira com o limite máximo exigido não excede o capital detido. A definição de assistência à liquidez na prática financeira deve incidir sobre o comportamento da LPD na gestão do ativo (colocação de fundos) e do passivo (angariação de fundos).

A gestão de activos e passivos tem como objetivo obter lucros e aumentar o valor da empresa dentro de certos limites. Estes limites incluem um nível de liquidez suficiente, um risco reduzido e a adequação dos fundos próprios. Por conseguinte, a gestão do ativo e do passivo tem uma relação estreita com a liquidez da LPD.

A reserva de liquidez do LPD é geralmente uma garantia ou medida preventiva para a possibilidade de pagamento em resultado do aumento do levantamento de fundos. Alguns LPD optam por adotar a estratégia de exceder a liquidez como sinal para o mercado de que o LPD tem uma forte liquidez. Por outro lado, a ultrapassagem da liquidez pode ser interpretada como uma má gestão da liquidez por parte da LPD, que não é óptima na gestão da carteira de activos e passivos. O mercado monetário interbancário é um local onde se efectuam operações de empréstimo entre um banco e outro para satisfazer as necessidades de liquidez e para colocar a liquidez a curto prazo devido à falta de liquidez diária.

    d.   economizar o excedente da sua liquidez no BPD com o pagamento de juros competitivos e serviços suficientes

O conceito de gestão bancária consiste, no caso de excedentes de fundos, na colocação de dinheiro interbancário, contas de poupança, depósitos a prazo ou outros métodos semelhantes. A colocação noutro banco também pode significar a colocação/faturação ou o depósito do banco em rupias ou divisas noutro banco, quer esteja a realizar operações na Indonésia ou fora da Indonésia, para apoiar a transação interbancária e constituir a reserva secundária com o objetivo de obter lucros. A colocação pode ser uma transferência, um depósito interbancário de dinheiro à ordem[25] , uma conta de poupança, um depósito à ordem[26] , um depósito a prazo[27] um certificado de depósito[28] Colocação interbancária de dinheiro à ordem (colocação**).**

O dinheiro da chamada interbancária (Colocação) é geralmente o mais comum na transação bancária. O que se define como "call money" interbancário (colocação) é uma colocação de fundos sob a forma de call money noutro banco na data da transação, registada na conta administrativa do grupo de obrigações de compromisso da facilidade de crédito noutro banco que ainda não foi retirada.

A conta administrativa da obrigação de autorização será constantemente reduzida ou anulada juntamente com a colocação efectiva no outro banco. A transação do dinheiro da chamada será registada no grupo de colocação no outro banco em função do valor bruto da fatura ou da colocação no outro banco.

Se na colocação estiver envolvido um corretor, as despesas incorridas devem ser registadas na conta de honorários do corretor como despesas do ano corrente. E se houver um desconto na colocação de dinheiro de compra noutro banco, este deve ser registado como receita diferida de juros e será amortizado durante o período de colocação. Esta receita será registada por acréscimo na conta de faturação do grupo de juros. Além disso, na data de vencimento, o banco receberá o pagamento do montante da colocação mais a fatura de juros correntes.

Com base na substância do Regulamento Regional da LPD n.º 8 de 2002, a LPD é uma entidade empresarial financeira especial. As características da LPD enquanto entidade financeira especial são as seguintes

1) "Propriedade de *desapakraman;*

2) Estabelecido e gerido por *desa pakraman*;

3) Gerir as funções financeiras da instituição *desa pakraman*, tais como receber/cobrar fundos do *krama desa,* conceder empréstimos apenas para o *krama desa* e gerir a instituição financeira, apenas para o bairro *desa*

pakraman, e

4) Gerir as funções da empresa como entidade financeira interna da *desa pakraman,* ou da inter *desa pakraman, na medida do possível".*[29]

CAPÍTULO 3

C. MÉTODO DE INVESTIGAÇÃO

O método utilizado nesta investigação é o jurídico normativo e o jurídico sociológico. A investigação jurídico-sociológica, como método principal desta investigação, é uma investigação do direito no terreno. Numa investigação jurídico-sociológica, são utilizados dados primários. Além disso, a investigação utilizou o método jurídico normativo como parte inseparável desta investigação jurídica. A investigação jurídica normativa utiliza dados secundários.

1. Método de abordagem:

O método de abordagem utilizado nesta investigação é a entrevista, a abordagem concetual e os regulamentos.

2. Tipo de dados

Os dados utilizados são:

    a. Dados primários, tais como entrevistas com os funcionários do organismo de crédito da aldeia em Bali.

    b. Dados secundários:

Os dados secundários provêm de materiais jurídicos, tais como:

    1) Materiais jurídicos primários, tais como regulamentos relacionados com os escritos efectuados, tais como a Constituição Indonésia de 1945, a Lei Nº 7, 1992 sobre a Banca, a Lei Nº 10, 1998 relativa à Alteração da Lei Nº 7, 1992 relativa aos Bancos como Banco de Crédito Popular. Regulamento do Banco Central da Indonésia, Decreto n.º 972, de 1984, relativo ao estabelecimento de um organismo de crédito de aldeia na província de Bali de nível I, seguido de vários regulamentos, como o Regulamento Regional da Província de Bali n.º 8, de 2002, relativo ao organismo de crédito de aldeia. Regional Gazette of Bali Province No. 20, 2002, Annex of Regional Gazette of Bali Province No. 3 (mais tarde designado por LPD Regional Regulation No. 8/2002), alterado duas vezes pelo Regional Regulation of Bali Province No. 3, 2007, relativo à alteração do Regional Regulation of Bali Province No. 8, 2002 concerning Village Credit Body, Regional Gazette of Bali Province 2007 No. 3, anexo da Gazeta Regional da Província de Bali n.º 3 (a seguir designado por Regulamento Regional da

LPD n.º 3/2007) e Regulamento Regional da Província de Bali n.º 4, 2012, relativo à segunda alteração do Regulamento Regional da Província de Bali n.º 8, 2002, relativo ao organismo de crédito à aldeia, Gazeta Regional da Província de Bali 2012 n.º 4, anexo da Gazeta Regional da Província de Bali n.º 4 (a seguir designado por Regulamento Regional da LPD n.º 4/2012).

2) Materiais jurídicos secundários, tais como referências relacionadas com a discussão e os escritos, quer sejam livros, monografias ou análises do Banco da Indonésia (BI).

3) Materiais jurídicos terciários ou materiais jurídicos de apoio. Materiais jurídicos que fornecem informações e explicações sobre os materiais jurídicos primários e secundários, como o dicionário de direito

3. População e amostras:

A população desta investigação são os funcionários do Village Credit Body/LPD em Bali, com amostras recolhidas propositadamente, tais como os funcionários localizados em Denpasar e Tabanan.

4. Técnicas e instrumentos de recolha de dados

A técnica de recolha de dados é efectuada através de entrevista. A entrevista foi feita através de comunicação direta, como a ligação direta com a pessoa de origem, por exemplo, o funcionário do organismo de crédito da aldeia/LPD na aldeia Adat de Jegu Baleagung, na aldeia Adat de Tuka e em Desa Pakraman de Kediri.

CAPÍTULO 4

D. RESULTADOS E ANÁLISE

1. Desa **Pakraman como entidade da comunidade com base no génio local em Bali**

A existência da aldeia de Pakraman em Bali está estipulada no artigo 18.º B, versículo 2, da Constituição de 1945, em que o Estado reconhece e respeita a existência de unidades de direito consuetudinário da sociedade e os seus direitos tradicionais, como os Nagari em Minangkabau, os Desa em Java e em Bali.

I Gusti Gede Raka na monografia da Ilha de Bali mencionou que o termo Desa em Bali contém dois significados, que são:

a. *"Dsaa Adat* (aldeia habitual), é uma unidade em que as pessoas, em conjunto e com um fardo comum (krama desa), realizam rituais com a intenção de manter a terra sagrada da aldeia (grondmagis) e de manter os templos da aldeia;

b. *Desa Dinas* (aldeia administrativa), é um território administrativo. É estabelecido pelo governo em que, ao abrigo da Lei do Governo Regional, é designado por aldeia autónoma"[30]

A definição de *Desa Pakraman* consta da Legislação Regional da Província de Bali n.º 3, 2001, relativa a *Desa Pakraman*, cujo artigo 1:

"Desa Pakraman é uma unidade de direito consuetudinário da sociedade na província de Bali que detém a entidade tradicional e os modos de vida social dos crentes hindus ao longo de gerações, com o vínculo de três céus ou desa céus, com determinada região e tesouro próprios, e tem o direito de gerir o seu próprio agregado familiar."

A partir da definição dada na Legislação Regional da Província de Bali n.º 3, 2001, relativa a *Desa Pakraman*, artigo 1.º, n.º 4, pode concluir-se que uma comunidade ou organização de tradição social em Bali pode ser identificada como Desa Pakraman, se reunir as seguintes características[31]

a. "Propriedade de uma área com determinados limites definidos. Os limites são geralmente perímetros geográficos claros, como rios, florestas, falésias, colinas e costas. Enquanto o perímetro artificial é aquele que é feito intencionalmente, como estacas, tábuas, portões ou monumentos;

b. Tem membros chamados com krama claro nos requisitos para ser chamado de krama. A maioria dos krama desa está localizada no território do desa pakraman. Este krama desa mantém uma ligação muito forte com o seu desa pakraman, podendo ser krama no seu desa pakraman de origem, e no novo território, o seu estatuto é apenas o de residente da aldeia administrativa;

c. Tem kahyangan desa ou três céus como lugar ritual para o povo (desa krama);

d. Possui autonomia, externa e interna. A autonomia interna significa que existe liberdade ou poder para desa pakraman gerir a sua própria administração, enquanto a autonomia externa significa a liberdade de estabelecer contactos directos com instituições exteriores a desa pakraman;

e. Possui um governo (adat) com a sua própria organização (prajuru) sob as suas próprias regras *(awig-awig), escritas* e não escritas".

2. Aspeto histórico da criação do Organismo de Crédito Agrícola

Inicialmente, o organismo de crédito das aldeias de Bali era um projeto-piloto que, posteriormente, foi alargado a todo o território de Bali.

A criação do organismo de crédito de aldeia foi concebida no seminário realizado pelo Ministério do Interior em fevereiro de 1984. Este seminário foi apoiado pelo governo da província de Bali que, posteriormente, estabeleceu o organismo de crédito de aldeia em Bali ao abrigo do Decreto n.º 972, de 1984, relativo ao estabelecimento do organismo de crédito de aldeia no nível I da província de Bali

Tendo em conta o disposto no Regulamento Regional da Província de Bali n.º 8, de 2002, relativo ao organismo de crédito às aldeias, que alterou o Regulamento Regional da Província de Bali n.º 8, de 1998, relativo ao organismo de crédito às aldeias, afirma-se que o organismo de crédito às aldeias é uma instituição financeira desenvolvida, que proporciona vantagens sociais, económicas e culturais aos membros, propriedade da Desa Pakraman, pelo que deve ser dada formação aos seus membros, aumentar o seu desempenho e preservar a sua existência.

O Governo da Província de Bali definiu os objectivos da criação do organismo de crédito da aldeia, com base no anexo do Regulamento Regional n.º 2 de 1988 e n.º 8 de 2002 relativo ao organismo de crédito da aldeia (LPD) e nos sítios oficiais do organismo de crédito da aldeia, a fim de apoiar o desenvolvimento económico da aldeia através do aumento da poupança entre a comunidade da aldeia e da concessão de crédito a pequenas empresas, eliminar formas de exploração na relação de crédito, criar oportunidades iguais para a atividade empresarial a nível da aldeia e aumentar o bem-estar da zona rural.

Houve várias alterações à lei durante a implementação do organismo de crédito às aldeias em Bali. Este regulamento é o Regulamento Regional da Província de Bali n.º 8, de 2002, relativo ao organismo de crédito às aldeias. Regional Gazette of Bali Province No. 20, 2002, Annex of Regional Gazette of Bali Province No. 3 (mais tarde designado por LPD Regional Regulation No. 8/2002), alterado duas vezes pelo Regional Regulation of Bali Province No. 3, 2007, relativo à alteração do Regional Regulation of Bali Province No. 8, 2002 concerning Village Credit Body, Regional Gazette of Bali Province 2007 No. 3, anexo do Jornal Oficial da Província de Bali n.º 3 (posteriormente designado Regulamento Regional da LPD n.º 3/2007) e Regulamento Regional da Província de Bali n.º 4, de 2012, relativo à segunda alteração do Regulamento Regional da Província de Bali n.º 8, de 2002, relativo ao organismo de crédito à aldeia, Jornal Oficial da Província de Bali n.º 4, anexo do Jornal Oficial da Província de Bali n.º 4.

3. **Entidade de crédito da aldeia (LPD) como entidade financeira de** Desa Pakraman **com base no génio local balinês**

A manifestação do génio local, como defendem Teezzi, Marchettini e Rarosini, é que o fim da sedimentação do génio local será transformado em tradição e religião. A sabedoria local reflecte-se normalmente nos costumes vivos das pessoas durante um período de tempo muito longo.

A existência da sabedoria local reflecte-se nos valores que vivem num determinado grupo da comunidade. Esses valores tornam-se a orientação de uma determinada comunidade que será a parte inseparável da sua vida, o que é observável através do comportamento e da conduta no dia a dia.[32]

As formas de sabedoria local na comunidade, de acordo com Nyoman Sirtha, são valores, normas, ética, crenças, costumes, direito consuetudinário e regras especiais.

Uma das manifestações do génio local em Bali é a criação da Entidade de Crédito da Aldeia (LPD).

O Village Credit Body (LPD) é uma instituição financeira especialmente designada em desa pakraman como forma de génio local na comunidade balinesa.

O Governador emitiu o Decreto n.º 972, de 1984, relativo ao estabelecimento do organismo de crédito das aldeias no nível I da Província de Bali[33] o Governador emitiu o Decreto n.º 972, de 1984, relativo ao estabelecimento do organismo de crédito das aldeias no nível I da Província de Bali[34] regulamentado em regulamento especial.

O artigo 2.º, n.º 1, do Regulamento Regional n.º 8/2002 da LPD estabelece que

"A Entidade de Crédito da Aldeia (LPD) é uma entidade financeira empresarial pertencente ao desa que gere a atividade empresarial no *desa* e para o *krama desa*".

O disposto no n.º 1 do artigo 2.º do Regulamento Regional n.º 8/2002 da LPD demonstra que a LPD é uma instituição económica reconhecida pelo Regulamento Regional e que está legitimada em termos de estatuto jurídico como organismo financeiro empresarial. O organismo financeiro da LPD é especial, uma vez que só exerce actividades comerciais no território de Desa Pakraman.[35]

4. O desenvolvimento do organismo de crédito da aldeia (LDP) como forma de génio local baseado na cultura local em Bali

Com base nos dados obtidos em http://LPD-bali.com, pode descrever-se que o número de LPD classificadas em Regência/Cidade e Distrito é o seguinte[36]

No	Regency/City	District	Number of *LPD*
1	Jembrana	Negara	10
		Mendoyo	19
		Pekutatan	13
No	Regency/City	District	Number of *LPD*
		Melaya	13
		Jembrana	9
2	Tabanan	Selemadeg	27
		Selemadeg Timur	27
		Selemadeg Barat	27
		Kerambitan	27
		Tabanan	13
		Kediri	21
		Marga	28
		Penebel	67
		Baturiti	43
		Pupuan	24
3	Badung	Kuta	6
		Mengwi	38
		Abiansemal	34
		Petang	27
		Kuta Selatan	9

No	Regency/City	District	Number of *LPD*
		Kuta Utara	8
4	Gianyar	Sukawati	33
		Blahbatuh	36
		Gianyar	40
		Tampaksiring	36
		Ubud	32
		Tegallalang	44
		Payangan	48
5	Kelungkung	Nusa Penida	35
		Banjarangkan	30
		Kelungkung	22

No	Regency/City	District	Number of *LPD*
		Dawan	20
6	Bangli	Susut	39
		Bangli	23
		Tembuku	36
		Kintamani	61
7	Karangasem	Rendang	26
		Sidemen	19
		Manggis	19
		Karangasem	23
		Abang	20
		Bebandem	15
		Selat	27
		Kubu	41
8	Buleleng	Gerokgak	14
		Seririt	25
		Busungbiu	16
		Banjar	17
		Sukasada	21
		Buleleng	21
		Sawan	18
		Kubutambahan	22
		Tejakula	15
9	Denpasar	Denpasar Selatan	11
		Denpasar Timur	12
		Denpasar Barat	2
		Denpasar Utara	10

5. A Autoridade de Gestão e Supervisão da Atividade da LPD

O governador é responsável pela gestão e supervisão. O governador pode distribuir o dever de tutoria geral pelo organismo de formação geral (BPD) da província de Bali ou a nível da regência/cidade. O governador nomeia o *BPD* como mentor técnico e supervisor externo do *LPD*. Entretanto, para desenvolver os recursos humanos da LPD, o governador cria o Mecanismo de Formação e Desenvolvimento *da LPD*.

O artigo 6.º do Regulamento Regional da Província de Bali n.º 4, de 2012, relativo ao organismo de crédito da aldeia, estabelece que a autoridade para emitir uma autorização de estabelecimento de uma *LPD* cabe ao governador. A autorização propriamente dita é redigida ao abrigo do decreto do Governador, depois de considerada a recomendação do Regente/Presidente da Câmara e do Conselho Geral de *Desa Pakraman*. O Conselho Geral Desa Pakraman é um conselho *Desa Pakraman* formado e eleito pelos representantes de todas as aldeias *Pakraman* de Bali, através de *Paruman Agung* e com sede na capital da província, Denpasar.

O Regulamento Regional da Província de Bali n.º 4, de 2012, relativo ao Organismo de Crédito da Aldeia regula o Plano de Ação e o Orçamento. Todos os anos, o conselho de administração elabora um plano de ação e um orçamento para o ano seguinte. Este é apresentado ao *Prajuru Desa* para aprovação e entregue ao supervisor interno para ser aprovado durante, pelo menos, 3 (três) meses antes dos lançamentos de encerramento

Qualquer ajustamento do plano de ação e da orçamentação no âmbito do ciclo em curso deve obter o consentimento do *Prajuru Desa* e ser apresentado ao supervisor interno para aprovação durante, pelo menos, 1 (um) mês antes do plano de ajustamento proposto.

O plano de ação e o orçamento são apresentados ao governador para efeitos de controlo e ao conselho primário de *Desa Pakraman, Majelis Madya Desa Pakraman, ao* nível provincial do órgão de habilitação da *LPD* e ao nível da regência/cidade do órgão de habilitação *da LPD* como requisitos de supervisão.

No prazo de 3 (três) meses após o encerramento dos registos, o conselho de administração da *LPD* apresenta o Relatório Anual e o Relatório Financeiro ao *Prajuru Desa.* O relatório deve ser recebido pelo *Krama Desa pelo* menos 2 (duas) semanas antes da assembleia da aldeia.

O Regulamento Regional da Província de Bali n.º 4, de 2012, relativo ao organismo de crédito da aldeia também regula as actividades de acompanhamento da *LPD*. O governador, em conjunto com o Conselho Primário de *Desa Pakraman,* exerce as suas funções de controlo. O governador atribui a monitorização geral à Monitorização Geral Provincial e à

Monitorização Geral da Regência/Cidade.

O governador, com o parecer do Conselho Primário de Desa *Pakraman*, nomeia o órgão de capacitação da *LPD a* nível provincial para prestar assistência técnica na capacitação da *LPD. A* pedido do *Krama Desa* pelo *paruman,* deve ser efectuada uma auditoria da *LPD* uma vez por ano.

O Regulamento Regional da Província de Bali n.º 4, de 2012, relativo ao organismo de crédito da aldeia também regula a dissolução da *LPD, que* pode ser dissolvida a pedido da aldeia ou se a sua autorização for revogada. A atividade relativa à gestão dos activos após a dissolução é assumida por um curador.

O conselho de administração e os funcionários da *LPD* que, no exercício das suas funções, agirem contra ou se desviarem do regulamento, causando direta ou indiretamente prejuízos à *LPD,* devem pagar uma indemnização nos termos do regulamento.

Alguns funcionários públicos do governo provincial têm autoridade especial para investigar qualquer crime cometido ao abrigo da LPD.

6. O Estabelecimento da LPD na Harmonização Sócio-Económica e Religiosa-Cultural

A Receptio in Complexu é uma teoria proposta por Lodewijk Willem Christian Van Den Berg (1845-1927). Esta teoria defende que a lei praticada por alguém está em harmonia com a religião em que essa pessoa acredita. Uma das considerações para estabelecer a LPD é a harmonização da cultura balinesa com o hinduísmo.

O regulamento da LPD é Desa Pakraman. O Desa Pakraman é uma unidade da comunidade adat na província de Bali que partilha a tradição comunal e o modo de vida hindu e que esteve ligada por gerações em kahyangan tiga ou kahyangan desa, possuindo um território e bens específicos e autonomia administrativa.

Nurjaya comentou que a LPD não existe apenas com espírito socioeconómico, mas também com padrão religioso-cultural.[37] (com base numa entrevista realizada em 15 de outubro de 2012 na LPD Pakraman da aldeia de Kikian), de acordo com o Sr. I Dewa Made Waneh (chefe da LPD Pakraman da aldeia de Kikian), a LPD Pakraman de Kikian desenvolve a sua atividade segundo o princípio de Catur Purusa Artha. As actividades da LPD, para além de socioeconómicas, são também de natureza religiosa e cultural.[38]

Por conseguinte, as actividades da LPD têm o mesmo objetivo que as do hinduísmo. Os Vedas mencionam Moksartham Jagadhitaya ca iti Dharma, o que significa que a religião (dharma) tem como único objetivo o contentamento espiritual e físico. Esta ideia é mencionada em Catur Purusa Artha, que são quatro formas de vida humana: dharma, artha, Kama e moksha. A adoção do Catur Purusa Artha é a base da LPD Pakraman da aldeia de Kikian na execução das suas actividades, que se baseiam no hinduísmo dos Vedas.[39]

7. A tradução do conceito de Roscoe Pound no estabelecimento da LPD na aldeia de Pakraman

Roscoe Pound, com a sua ideia do direito como instrumento de engenharia social, contribuiu para o argumento de explicar o direito como meio de alterar a sociedade. Anos mais tarde, este conceito foi desenvolvido por Mochtar Kusumaatmadja no seu Teori Hukum Pembangunan.

Para a engenharia da sociedade, o desenvolvimento deve estar atento a dois factores essenciais, que são os produtos materiais e os recursos humanos como iniciadores do homem construtivo. No que diz respeito ao fator humano, não se trata apenas de um fator de produção, mas também de criar um bom ambiente, quer político, quer cultural, que apoie os agentes criativos.

Um desenvolvimento deve ser capaz de criar uma condição que permita aos homens e mulheres melhorar e explorar a sua criatividade. Sentidos imateriais como o sentimento de segurança e o sentimento de liberdade face aos medos podem apoiar e estimular a criatividade. Assim, o desenvolvimento não se limita à produção e distribuição de bens materiais, para além disso, o desenvolvimento deve fazer com que os seres humanos sejam capazes de desenvolver a sua criatividade. Afinal de contas, o desenvolvimento tem como objetivo último o desenvolvimento humano. O ser humano construído é um ser humano criativo. Para ser criativo, o homem deve sentir-se feliz, sentir-se seguro e livre de medo. Só uma pessoa assim pode organizar o desenvolvimento e resolver os problemas com que se depara.

Arief Budiman[40] argumentou que, para moldar um ser humano, é necessário discutir vários aspectos. É necessário um estudo da psicologia do empreendedorismo: como é que a criatividade é moldada e desenvolvida num indivíduo? Um estudo cultural sobre: como é que um valor social é formado e vivido numa comunidade? Qual é o papel da religião? E que condição política deve ser sustentada numa sociedade para criar e expandir o espírito empresarial?

Por isso, especialistas das ciências sociais no domínio da psicologia, sociologia, política, antropologia e outros estão envolvidos na discussão e composição das teorias do desenvolvimento. O envolvimento destes peritos é uma reação à teoria do desenvolvimento que, até agora, continua a ser dominada por peritos económicos. O desenvolvimento é um problema que deve ser abordado interdisciplinarmente através de várias disciplinas.

Os esforços para construir uma economia rural devem ser analisados a partir de uma variedade de conceitos, proporcionando o maior benefício para a sociedade e a conveniência nas transacções com as instituições financeiras. A ideia de LPD, se olharmos para o conceito proposto por Satjipto Rahardjo, deve considerar medidas sistemáticas de engenharia social, ou, para ser mais preciso, a engenharia social por lei, começando pela identificação do problema até à sua solução, tais como:

    a. Compreender cuidadosamente o problema. Isto inclui o conhecimento da comunidade como alvo do desenvolvimento.

    b. Compreender os valores comuns da sociedade. Isto é necessário para que a engenharia social possa ser aplicada a diversos sectores da sociedade, tais como: tradicional, moderno e de planeamento. Nesta fase, é possível determinar em que sector o valor deve ser adotado.

    c. Criar hipóteses e escolher prioridades.

    d. Seguir as práticas jurídicas e medir os seus efeitos".

A política relativa à criação do organismo de crédito da aldeia, baseada na teoria proposta por Satjipto Rahardjo e em consonância com os pensamentos de Roscoe Pound e Mochtar Kusumaatmadja, é a seguinte

    a. Dr. Ida Bagus Mantra, o então Governador de Bali, ao lidar com este problema de apoio financeiro por parte de um organismo monetário convencional.
       Por conseguinte, é necessária uma solução para criar um organismo financeiro com capacidade para chegar à sociedade mais desfavorecida.

    b. Os valores da comunidade balinesa são muito influenciados pelo hinduísmo. Estes valores fazem parte da sabedoria local e devem ser preservados, nomeadamente na gestão financeira. Conceito de Moksartham Jagadhitaya ca iti Dharma, que significa que a religião (dharma) tem como único objetivo a satisfação espiritual e física. Esta ideia é mencionada no Catur Purusa Artha, ou seja, os quatro caminhos da vida humana, que são dharma, artha, kama e moksha. A adoção do Catur Purusa Artha é a base da LPD.

    c. Deveria haver uma alternativa que valesse a pena ser tomada como base antes da aceitação do DPP pelas pessoas, o que pode ser feito através de exemplos. O primeiro LPD, como projeto-piloto, foi criado em 1984 e posteriormente desenvolvido em várias aldeias.

d. Quanto à segurança jurídica, é necessário que os regulamentos sirvam de base jurídica para o estabelecimento da LPD, para que, na prática, a LPD tenha a sua legalidade.

Os pensamentos de Satjipto Rahardjo podem ser tomados como base para carregar o Texto Académico para estabelecer o Organismo de Crédito da Aldeia (LPD) para os balineses que valorizam muito a sua cultura e sabedoria local.

CAPÍTULO 5

E. CONCLUSÃO

A investigação, baseada no estudo jurídico normativo e jurídico sociológico, concluiu que:

a. A comunidade balinesa tem a sua própria instituição financeira, o Village Credit Body ou LPD, estabelecido em todas as aldeias de Pakraman como manifestação da sabedoria local e que já obteve uma legitimidade jurídica formal ao mesmo nível que o Banco de Crédito Popular (BPR), em conformidade com a Lei n.º 7, de 1992, relativa ao Banco e a Lei n.º 10, de 1998, relativa à alteração da Lei n.º 7, de 1992, relativa ao Banco.

b. Os balineses são um povo inclusivo em todas as culturas, o que não é exceção para os valores no domínio financeiro. De acordo com a teoria da recetividade e a teoria da penetração passiva, tolerante e construtiva, esta terá uma influência normativa no sistema financeiro. Um dos esforços foi iniciado pelo Prof. Dr. Ida Bagus Mantra, então Governador de Bali, em 1984, para criar a Entidade de Crédito da Aldeia (LPD). A base jurídica para a criação do LPD é a seguinte: O Decreto n.º 972 sobre a criação do organismo de crédito às aldeias na Província de Bali, o Regulamento Regional da Província de Bali n.º 3/2007 sobre a alteração do Regulamento Regional da Província de Bali n.º 8/2002 relativo ao organismo de crédito às aldeias (Jornal Oficial Regional n.º 20/2002 e anexo do Jornal Oficial Regional da Província de Bali n.º 3), juntamente com as duas alterações seguintes ao abrigo do Regulamento Regional da Província de Bali n.º 8/2002 relativo ao organismo de crédito às aldeias (Boletim Regional n.º 20/2002 e anexo do Boletim Regional da Província de Bali n.º 3) e o Regulamento Regional da Província de Bali n.º 4/2012 relativo à segunda alteração do Regulamento Regional da Província de Bali n.º 8/2002 relativo ao organismo de crédito às aldeias (Boletim Regional n.º 20/2002 e anexo do Boletim Regional da Província de Bali n.º 3)

c. O objetivo da criação de LPD em todas as aldeias adat, com base na memória do Regulamento Regional da Província de Bali n.º 8/2002 e do Regulamento Regional da Província de Bali n.º 8/2002 sobre o LPD, é apoiar o desenvolvimento económico nas zonas rurais através do incentivo ao hábito de poupança e da concessão de empréstimos para microempresas, aniquilar a exploração nas relações de crédito, proporcionar igualdade de oportunidades a todas as empresas nas zonas rurais e melhorar o bem-estar nas zonas rurais.

d. A atividade da LPD consiste essencialmente em angariar e consolidar fundos da krama desa em numerário e depósitos, conceder crédito à krama dea, contrair empréstimos junto de entidades financeiras até 100% do montante do capital, incluindo os lucros reservados e mantidos, com exceção de outros limites de empréstimo ou apoio de capital e preservar o excedente da sua liquidez no BPD mediante o pagamento de juros competitivos e serviços adequados.

e. O crescimento e o desenvolvimento do Village Credit Body (LPD) estendeu-se a todas as províncias de Bali, nomeadamente às regências/cidades de Jembrana, Tabanan, Badung, Gianyar, Klungkung, Bangli, Karangasem, Buleleng e Denpasar. Com base nos registos publicados, a LPD atingiu 1368 unidades.

f. A fim de colocar a LPD em condições de concorrência com outras instituições financeiras, o Governador, na qualidade de comissário, está autorizado a nomear o Monitor Geral Provincial e o Monitor Geral da Regência/Cidade para fornecer orientação técnica e supervisão à LPD.

g. Lodewijk Willem Christian Van Den Berg (1845-1927) propôs a teoria da receção em complexo. Defendeu que a lei praticada por uma pessoa está em harmonia com a religião em que acredita. Esta é uma das razões para a LPD, que é a harmonização da cultura balinesa com o hinduísmo. O regulamento do organismo de crédito da aldeia está sob a alçada do Desa Pakraman. Trata-se de uma unidade comunitária de adat na Província de Bali que, durante gerações, partilha a cultura comunitária e o modo de vida do hinduísmo ligado ao Kahyangan Tiga ou Kahyangan Desa, que possui um território e bens específicos e com autonomia de autoadministração. Ao iniciar a sua atividade, a LPD baseou a sua filosofia na Catur Purusa Artha. O conceito é tomado como base para gerir as suas actividades e tem origem nas Escrituras Sagradas do Hinduísmo, os Vedas.

h. Um defensor da jurisprudência sociológica, Roscoe Pound, escreveu a ideia do direito como instrumento de engenharia social, mais tarde adoptada e desenvolvida por Mochtar Kusumaatmadja nesta teoria do hukum pembangunan para formular o direito como meio de engenharia social. Foi adoptada pelo Prof. Dr. Ida Bagus Mantra, então governador de Bali, em 1984. Dr. Ida Bagus Mantra, na altura governador de Bali, em 1984, que lançou vários programas através de legislação para melhorar o bem-estar da população de Bali. O conceito proposto por Roscoe Pound e Mochtar Kusumaatmadja está em consonância com uma sociedade em desenvolvimento. Está em harmonia com a sabedoria local e a cultura do povo balinês, que ainda defende o princípio de Kahyangan Tiga.

1 Faisal Afif, et al. **Strategy and Bank Operational**: Eresco, 1996, p.4.

2 Henry Campbell Black's. *Black S Law Dictionary.* Sexta edição. St. Paul Minn: West Publishing Co, 1990, p.1005

3 Thomas Suyatno. Instituição bancária. Jakarta: Gramedia Pustaka Utama, 1993, p. 1

4 Mudrajad Kuncoro et.al. *Gestão bancária. Teoria e aplicação.* Yogyakarta: BPFE, 2002, p. 68

5 Johannes Ibrahim. *Bank as an Intermediating Institution in Positive Law (O Banco como Instituição Intermediária no Direito Positivo).* Bandung: Utomo, 2004, p. 37-38

6 *Ibid.,* pp.5-6

7 Muhamad. *Shariaa Bank (Análise da força, fraqueza, oportunidade e ameaça).* Yogyakarta: Ekonisia, 2002, p. 13.

8 Departamento Nacional de Educação. *Grande Dicionário de Bahasa Indonesi, Centro de Línguas, Quarta Edição.* Jakarta: Gramedia Pustaka Utama, 2014, p. 85 e 838.

9 Peter Salim. *The Contemporary English-Indonesia Dictionary (Dicionário Contemporâneo Inglês-Indonésia).* Jakarta: Media Eka Pustaka, 2005, p.1286 e 2614.

10 http://naninorhandayani.blogspot.co.id/2011/05/pengertian-kearifan-lokal.html. descarregado em 15 de julho de 2016.

11 O termo *génio local* foi introduzido pela primeira vez por Quaritch Wales em 1948-1949 **com o significado de "a** capacidade da **cultura local para enfrentar a influência da cultura estrangeira no momento em que as duas culturas se encontram". Comparando com a influência** da cultura indiana na Indonésia: na parte ocidental, os indonésios aceitaram-na quase inteiramente, como se apenas a copiassem, enquanto na parte oriental da Indonésia, a cultura indiana apenas desencadeou o desenvolvimento da cultura local genuína. Ver mais em Ajip Rosidi, *Local Wisdom in the Perspective of Sundanese Culture*, Bandung: Kiblat, 2011, p.29.

12 Ayat Rohaedi. *Characteristicsof National Culture (Local Genius).* Jakarta: Dunia Pustaka Jaya, 1986, p.18-19

13 *Ibid.,* hlm. 40-41.

14 *Ibid.*

15 http://naninorhandayani.blogspot.co.id/2011/05/pengertian-kearifan-lokal.html. descarregado em 15 de julho de 2016.

16 Satjipto Rahardjo. *Ilmu Hukum.* Bandung: Citra Aditya Bakti, 2000, p. 208.

17 Dahlan Siamat. *Manajemen Lembaga Keuangan, Kebijakan Moneter dan Perbankan.* Quinta edição. Jakarta: Fakultas Ekonomi Universitas Indonesia, 2005, p. 1, citando Peter S. Rose. *Money and Capital Markets. Financial Institution and Instruments in a Global Marketplace*, 6 Edition. Texas A & M University,

Irwin, 1997.

18 https://titikcute.wordpress.com/sistem-keuangan-indonesia-berbasis-pasar-atau-bank/, descarregado em 2 de setembro de 2015, hora 10.00.

19 O crescimento económico do PDRB (*Produto Interno Bruto Regional*) e de Bali é superior à média nacional e as políticas governamentais favoráveis apoiam a sua existência através da promulgação de instrumentos jurídicos como o Regulamento Regional

20 http://soepayam.blogspot.com/2008/12/lembaga-perkreditan-desa.html. descarregado a 17 de junho de 2015, hora: 09.15

21 https:// www. scribd. com/ doc/ 213344381/ Sejarah -Dan -Pengertian -Lembaga -Perkreditan -Desa, descarregado a 17 de junho de 2015, hora: 09.00.

22 https://lpdberaban.wordpress.com/downloaded 17 de junho de 2015, hora: 09.00.

23 https:// www. scribd. com/ doc/ 213344381/ Sejarah- Dan- Pengertian- Lembaga- Perkreditan- Desa, descarregado a 17 de junho de 2015, hora: 09.00.

24 Crédito deriva do termo romano *credere* que significa confiança ou *credo* ou *creditum* **"eu acredito". O facto de uma** pessoa obter crédito significa que o credor confiou nela.

25 O empréstimo interbancário ocorre no processo de compensação. Numa transação de compensação efectuada pelo Banco Central da Indonésia todos os dias úteis, há sempre partes que perdem e que ganham. O banco que perder a compensação e não puder cobrir o prejuízo será objeto de uma sanção do Banco da Indonésia. Por conseguinte, para evitar uma sanção por falta de liquidez, o banco pode pedir dinheiro emprestado a outro banco através do método conhecido como call money interbancário ou call money. A definição de "call money" é a de um crédito ou empréstimo que deve ser pago logo que a fatura ou a chamada do credor tenha lugar, sendo o período de crédito de 1 a 7 dias. Os tipos de call money são: call money de um dia, em que o pagamento deve ser efectuado em 1 dia. O call money pode ser de dois dias, em que o pagamento deve ser efectuado em 2 dias.

26 Depósito com prazo mínimo de três dias e máximo inferior a um mês.

27 Os terceiros depositam no banco e o levantamento só pode ser efectuado numa determinada altura, de acordo com o contrato celebrado entre o depositante e o banco.

28 A par da política governamental que permite aos bancos emitir certificados de depósito desde 1971, até à data, o certificado de depósito é a principal alternativa para os bancos satisfazerem a necessidade de fundos a curto prazo. O certificado de depósito é emitido ao portador num determinado montante. O prazo é variável consoante o banco. O levantamento do certificado de depósito pode ser efectuado após a data de vencimento. No entanto, se o investidor necessitar de alguns fundos, o certificado de depósito pode ser transaccionado para uma entidade ou para o público.

29 Ibid.

30 I Dewa Gede Atmaja. **Awig-Awig of Desa Adat An Analysis of State Law**, documento apresentado no Simpósio sobre a Revitalização do Awig-Awig de Desa Adat. Denpasar: Faculdade de Direito da Universidade de Udayana, 2005, p.9.

31 I Dewa Made Suartha. **Law and Customary Sanction, Perspective of the Reformation of Criminal Law**,

Malang: Setara' Press, 2015, p. 45-46, citando I Ketut Wirawan da Doctoral Dissertation of Law, Brawijaya University: *Reccognitinn and Respect of Customary Law Society (Administration of Desa Pakraman in Village Administration Systemin Bali),* Malang, 2012, p. 52.

32 Irene Mariane. *Local Wisdom in the Management ofAdat Forest* Jakarta *[Sabedoria local na gestão da floresta de Adat]*: Rajawali Pers, 2014, p. 113.

33 Ida Bagus Darsana. *The Role and Position of LPD in Banking System in Indonesia,* Kertha Wicaksana Law Magazine, Edition: 1 /2010, p. 12.

34 O termo desa pakraman em Bali, também conhecido como Dresta ou Adat desa, cujo território ou âmbito de algumas regiões rurais/desa Dinas é liderado por um chefe de aldeia.

35 I Nyoman Nurjaya (et.al). Theoretical Ground of Management of LPD (As Community Financial Institution of Bali Customary Law Society), Denpasar: Udayana University Press, p.36.

36 Fonte: http://lpd-bali.com/category/profil/daftar-lpd-bali/ descarregado em 17 de junho de 2015, hora:14.00.

37 I Nyoman Nurjaya dkk, 2011, *Theoretical Basis of LPD Management,* Udayana University Press, Denpasar, p. 11.

38 *Ibid.*

39 Dewa Made Pancadana et. al, *Catur Purusa Artha as The Basis ofBusiness Activity of Village Credit Body (LPD)in Desa Pakraman,* p. 2.

40 Arief Budiman. *Teoria do desenvolvimento no Terceiro Mundo.* Jakarta: Gramedia, 2000, pp. 14-15.

Buy your books fast and straightforward online - at one of world's fastest growing online book stores! Environmentally sound due to Print-on-Demand technologies.

Buy your books online at
www.morebooks.shop

Compre os seus livros mais rápido e diretamente na internet, em uma das livrarias on-line com o maior crescimento no mundo! Produção que protege o meio ambiente através das tecnologias de impressão sob demanda.

Compre os seus livros on-line em
www.morebooks.shop